PREFACIO

En un mundo empresarial en constante evolución, donde la tecnología avanza a pasos agigantados y la competencia se intensifica día a día, las organizaciones se ven obligadas a adaptarse rápidamente para mantenerse relevantes y competitivas. La metodología Agile ha emergido como una respuesta a esta necesidad, revolucionando la forma en que las empresas gestionan sus proyectos y equipos. Este libro, "10 Mandamientos Ágiles", surge de mi experiencia personal y profesional en la implementación de Agile en diversas organizaciones, y mi deseo de compartir ese conocimiento con un público más amplio.

Desde que descubrí Agile, he sido testigo de cómo esta metodología puede transformar no solo la manera de trabajar, sino también la cultura organizacional, fomentando un ambiente de colaboración, innovación y adaptación constante. En mi rol como director de operaciones, he visto de primera mano los beneficios tangibles que Agile puede aportar, desde la mejora en la productividad y la calidad del producto, hasta el aumento en la motivación y satisfacción del equipo.

Este libro está dirigido a profesionales de todos los niveles que buscan entender y aplicar Agile en sus entornos de trabajo. Ya seas un directivo que desea implementar un cambio organizacional, un gerente de proyectos que busca mejorar la eficiencia de su equipo, o un miembro del equipo que quiere comprender mejor esta metodología, aquí encontrarás valiosa información y consejos prácticos para llevar a cabo una implementación exitosa.

Quiero expresar mi gratitud a todas las personas que me han acompañado en este viaje, especialmente a mi familia por su apoyo incondicional, y a mis colegas y mentores que han compartido sus conocimientos y experiencias conmigo. Sin su contribución, este libro no habría sido posible.

Espero que "10 Mandamientos Ágiles" no solo te proporcione las herramientas y conocimientos necesarios para implementar Agile, sino que también te inspire a adoptar una mentalidad de mejora continua y adaptación. Que este libro sea una guía útil en tu camino hacia la agilidad y el éxito.

INTRODUCCIÓN

La gestión de proyectos ha sido una disciplina en constante evolución, adaptándose a los cambios y demandas del entorno empresarial. Desde los enfoques tradicionales como el método Waterfall, hasta la aparición de metodologías más flexibles y dinámicas, la forma en que gestionamos los proyectos ha cambiado drásticamente. En este contexto, la metodología Agile ha emergido como una solución innovadora, ganándose un lugar destacado en la gestión de proyectos contemporánea.

Agile no es solo una metodología, sino una filosofía que se basa en la adaptabilidad, la colaboración y la entrega continua de valor. Nació de la necesidad de enfrentar los desafíos del desarrollo de software, pero rápidamente demostró su aplicabilidad en una amplia gama de industrias y sectores. Hoy en día, empresas de todos los tamaños y áreas de negocio, desde tecnología hasta servicios financieros, salud y manufactura, están adoptando Agile para mejorar sus procesos y resultados.

Este libro está estructurado para guiarte a través de los fundamentos de Agile, proporcionándote una comprensión clara y práctica de sus principios y prácticas. Aquí encontrarás una descripción detallada de los "10 Mandamientos Ágiles", que son los pilares fundamentales para la implementación exitosa de esta metodología. Estos mandamientos abarcan desde la motivación del equipo hasta la gestión de expectativas y la mejora continua, ofreciendo una hoja de ruta completa para transformar tu organización.

Capítulo 1: Qué es el modelo de gestión organizacional Agile. Comenzamos con una definición clara y concisa de Agile, explorando sus características principales y cómo difiere de otros enfoques de gestión de proyectos. Este capítulo te proporcionará una base sólida para entender por qué Agile es tan eficaz en el entorno empresarial actual.

Capítulo 2: Origen y evolución de la metodología Agile. Aquí, revisamos la historia de Agile, desde sus inicios en la industria del software hasta su expansión a otros sectores. Aprenderás sobre el Manifiesto Agile y los 12 principios que lo sustentan, así como sobre los eventos y personalidades clave que han influido en su desarrollo.

Capítulo 3: Filosofía de Agile. Este capítulo profundiza en los valores y principios fundamentales de Agile, destacando cómo promueve una cultura de colaboración, transparencia y adaptación. También discutiremos la importancia de la retroalimentación constante y la participación activa del cliente.

Capítulo 4: Cómo aplicar Agile en el entorno empresarial. Aquí, ofrecemos una guía práctica para la implementación de Agile, incluyendo la selección de equipos, herramientas y técnicas. A través de ejemplos y estudios de caso, verás cómo Agile puede aplicarse eficazmente en diferentes contextos.

Capítulo 5: Claves del éxito para la implementación de Agile. Descubre los factores críticos que determinan el éxito de una implementación Agile. Este capítulo abarca desde la gestión del cambio y el liderazgo, hasta las estrategias para superar las resistencias y maximizar los beneficios.

Capítulo 6: Principales diferencias entre Agile y otros métodos de gestión. Compararemos Agile con otros enfoques de gestión, como Waterfall, destacando sus ventajas y desventajas. Entender estas diferencias te ayudará a decidir cuándo y cómo utilizar Agile en tus proyectos.

Capítulo 7: Decálogo de la metodología Agile. Presentamos los diez mandamientos de Agile, cada uno explicado con ejemplos prácticos y consejos para su implementación. Estos principios te servirán como guía para mantenerte en el camino correcto hacia la agilidad.

Capítulo 8: Herramientas más utilizadas en Agile. Este capítulo ofrece una visión general de las herramientas de software más populares en el entorno Agile, como Jira, Trello y Asana. Aprenderás cómo seleccionar y utilizar estas herramientas para optimizar tu gestión de proyectos.

Capítulo 9: Ventajas y beneficios de Agile. Exploraremos los beneficios tangibles e intangibles de Agile, desde la mejora de la productividad hasta el aumento de la satisfacción del cliente. Incluimos ejemplos de empresas que han logrado grandes éxitos con Agile.

Capítulo 10: Impacto de Agile en la organización empresarial. Discute cómo Agile puede transformar la estructura y cultura de una organización, mejorando la comunicación, la colaboración y la innovación. Verás cómo Agile puede llevar a tu organización a un nuevo nivel de eficiencia y efectividad.

Capítulo 11: Requisitos básicos para implementar Agile.
Identificamos las habilidades, competencias y recursos necesarios para una implementación exitosa de Agile. Este capítulo te ayudará a preparar a tu equipo y organización para adoptar Agile.

Capítulo 12: Principales bloqueos mentales dentro de una organización. Identificamos y ofrecemos soluciones para los obstáculos comunes que pueden impedir la adopción de Agile. Entender estos bloqueos te permitirá abordarlos eficazmente y facilitar una transición más suave hacia la agilidad.

Finalmente, en la **Conclusión**, resumiremos los puntos clave del libro y ofreceremos algunas reflexiones finales sobre el futuro de Agile. Esperamos que este libro no solo te brinde las herramientas y conocimientos necesarios para implementar Agile, sino que también te inspire a adoptar una mentalidad de mejora continua y adaptación.

"10 Mandamientos Ágiles" está diseñado para ser una guía completa y accesible, adecuada para profesionales de todos los niveles y sectores. Te invitamos a embarcarte en este viaje hacia la agilidad y descubrir cómo Agile puede transformar tu forma de trabajar y gestionar proyectos.

CAPÍTULO 1: QUÉ ES EL MODELO DE GESTIÓN ORGANIZACIONAL AGILE

Introducción

La gestión organizacional ha experimentado transformaciones significativas a lo largo de las décadas, con metodologías que se adaptan a las cambiantes necesidades del mercado y los avances tecnológicos. En este contexto, Agile ha surgido como una metodología revolucionaria que ha redefinido la forma en que se gestionan los proyectos y los equipos de trabajo. Pero, ¿qué es exactamente Agile y por qué ha ganado tanta popularidad?

Definición de Agile

Agile es una metodología de gestión de proyectos que se centra en la adaptabilidad, la flexibilidad y la entrega continua de valor. A diferencia de los métodos tradicionales que siguen un enfoque lineal y secuencial, Agile adopta un enfoque iterativo y incremental. Esto significa que los proyectos se desarrollan en pequeños ciclos denominados "sprints", durante los cuales se producen entregas continuas y se recoge retroalimentación constante.

Características Principales de Agile

1. **Adaptabilidad**: Agile permite ajustar el curso del proyecto en respuesta a los cambios y desafíos emergentes, asegurando que el

resultado final se alinee con las necesidades del cliente y del mercado.
2. **Colaboración**: Promueve la colaboración estrecha entre todos los miembros del equipo y con los stakeholders, incluyendo al cliente, para garantizar que todos estén alineados y comprometidos con los objetivos del proyecto.
3. **Entrega Continua de Valor**: A través de iteraciones cortas y frecuentes, Agile asegura que el cliente reciba valor constante y tangible durante todo el desarrollo del proyecto.
4. **Retroalimentación Constante**: La recolección y el análisis de feedback en cada sprint permiten realizar ajustes y mejoras continuas, aumentando la calidad del producto final.

Aplicabilidad en Diversas Industrias

Aunque Agile nació en la industria del software, su enfoque adaptable y colaborativo ha demostrado ser efectivo en una amplia gama de sectores. Desde la manufactura hasta los servicios financieros, la salud y la educación, las organizaciones están adoptando Agile para mejorar la eficiencia, la calidad y la satisfacción del cliente.

Ejemplos de Aplicaciones de Agile

- **Tecnología**: Empresas como Google y Amazon utilizan Agile para desarrollar productos de software de alta calidad y adaptarse rápidamente a las demandas del mercado.
- **Servicios Financieros**: Bancos como ING han adoptado Agile para mejorar la agilidad de sus procesos internos y la entrega de servicios innovadores a sus clientes.
- **Salud**: Instituciones de salud aplican Agile para gestionar proyectos de desarrollo de dispositivos médicos, asegurando una entrega rápida y eficiente de productos seguros y eficaces.

Conclusión

Agile no es solo una metodología, sino una filosofía de trabajo que puede transformar la gestión de proyectos y la cultura organizacional. Su enfoque en la adaptabilidad, la colaboración y la entrega continua de valor lo convierte en una herramienta poderosa para enfrentar los desafíos del entorno empresarial actual. En los próximos capítulos, exploraremos en detalle cómo Agile puede implementarse en tu organización y cuáles son las mejores prácticas para maximizar sus beneficios.

CAPÍTULO 2: ORIGEN Y EVOLUCIÓN DE LA METODOLOGÍA AGILE

Introducción

La metodología Agile, tal como la conocemos hoy, tiene sus raíces en la industria del software, pero su evolución y adopción se han extendido mucho más allá. Comprender la historia y el desarrollo de Agile es fundamental para apreciar su relevancia y aplicabilidad en el contexto actual. Este capítulo explorará los orígenes de Agile, el Manifiesto Agile y cómo ha evolucionado para convertirse en una metodología ampliamente utilizada en diversas industrias.

Los Orígenes de Agile

Agile surgió como una respuesta a las limitaciones de los métodos tradicionales de gestión de proyectos, como el modelo Waterfall, que seguían un enfoque rígido y secuencial. En la década de 1990, los desarrolladores de software comenzaron a buscar alternativas más flexibles y adaptables para gestionar proyectos en un entorno de rápida evolución tecnológica.

La "Crisis del Desarrollo de Aplicaciones"

Durante los años 90, muchas empresas de software enfrentaron lo que se conoció como la "crisis del desarrollo de aplicaciones". Los métodos tradicionales resultaban ineficientes y lentos para satisfacer las demandas de un mercado en constante cambio. Esta crisis motivó a los profesionales a explorar nuevas formas de trabajo que pudieran mejorar la velocidad y la calidad del desarrollo de software.

El Manifiesto Agile

En febrero de 2001, 17 líderes del desarrollo de software se reunieron en Snowbird, Utah, para discutir formas de mejorar los procesos de desarrollo. Esta reunión resultó en la creación del Manifiesto Agile, un documento que establece los valores y principios fundamentales de la metodología Agile. El Manifiesto Agile se basa en cuatro valores centrales:

1. **Individuos e interacciones sobre procesos y herramientas**: Prioriza la colaboración y la comunicación efectiva entre las personas.
2. **Software funcionando sobre documentación extensiva**: Enfatiza la importancia de entregar un producto funcional en lugar de centrarse en una documentación excesiva.
3. **Colaboración con el cliente sobre negociación de contratos**: Fomenta una relación de trabajo cercana y colaborativa con el cliente.
4. **Respuesta ante el cambio sobre seguir un plan**: Valora la adaptabilidad y la capacidad de responder a los cambios, en lugar de adherirse rígidamente a un plan preestablecido.

Además, el Manifiesto Agile incluye 12 principios que guían la práctica de Agile, como la entrega frecuente de software funcional, la cooperación diaria entre los equipos de negocio y desarrollo, y la simplicidad en los procesos.

Evolución y Expansión de Agile

Desde la publicación del Manifiesto Agile, la metodología ha evolucionado y se ha adaptado a diversos contextos más allá del desarrollo de software. Algunas de las metodologías más conocidas que se desarrollaron a partir de Agile incluyen Scrum, Kanban, y Extreme Programming (XP).

- **Scrum**: Una de las metodologías Agile más populares, Scrum organiza el trabajo en sprints, ciclos cortos de desarrollo que generalmente duran de dos a cuatro semanas. Scrum enfatiza la responsabilidad del equipo y la mejora continua.
- **Kanban**: Este enfoque utiliza un sistema visual de tarjetas para gestionar el trabajo en progreso, ayudando a los equipos a identificar y eliminar cuellos de botella en el proceso.
- **Extreme Programming (XP)**: Se centra en la mejora continua y la entrega frecuente de software funcional, con prácticas como el desarrollo orientado a pruebas (TDD) y la programación en parejas.

Adopción en Diversos Sectores

Hoy en día, Agile se ha adoptado en una variedad de industrias fuera del desarrollo de software. Su enfoque en la flexibilidad, la adaptabilidad y la colaboración ha demostrado ser valioso en sectores como la manufactura, los servicios financieros, la salud, y más. Por ejemplo, la industria automotriz utiliza Agile para gestionar el desarrollo de nuevos modelos de vehículos, mientras que las instituciones de salud lo aplican para mejorar la gestión de proyectos de investigación y desarrollo de productos médicos.

Conclusión

La metodología Agile ha recorrido un largo camino desde sus orígenes en la industria del software. Su capacidad para adaptarse y evolucionar en respuesta a los cambios del mercado la ha convertido en una herramienta invaluable para las organizaciones modernas. En los próximos capítulos, exploraremos cómo puedes implementar Agile en tu organización y aprovechar sus beneficios para mejorar la eficiencia, la calidad y la satisfacción del cliente.

CAPÍTULO 3: FILOSOFÍA DE AGILE

Introducción

La metodología Agile no es solo un conjunto de prácticas y herramientas, sino una filosofía que aboga por una nueva forma de pensar y trabajar. Su éxito radica en la adopción de valores y principios que fomentan la adaptabilidad, la colaboración y la mejora continua. Este capítulo profundiza en los fundamentos filosóficos de Agile, destacando los valores y principios que la sustentan y cómo estos influyen en la cultura organizacional.

Valores Fundamentales de Agile

El Manifiesto Agile establece cuatro valores fundamentales que guían la metodología:

1. **Individuos e interacciones sobre procesos y herramientas**: Agile prioriza las relaciones humanas y la comunicación efectiva. La colaboración y el entendimiento entre los miembros del equipo y con los clientes son esenciales para el éxito del proyecto.
2. **Software funcionando sobre documentación extensiva**: Aunque la documentación es importante, Agile pone más énfasis en la entrega de un producto funcional. El objetivo es proporcionar valor tangible y utilizable al cliente en cada iteración.
3. **Colaboración con el cliente sobre negociación de contratos**: Agile promueve una relación cercana y continua con el cliente, en lugar de una interacción limitada a los términos del

contrato. Esto asegura que el producto final cumpla con las expectativas y necesidades del cliente.
4. **Respuesta ante el cambio sobre seguir un plan**: En un entorno en constante cambio, Agile valora la capacidad de adaptarse rápidamente a nuevas circunstancias y requisitos, en lugar de adherirse rígidamente a un plan establecido.

Principios Fundamentales de Agile

Además de los valores, el Manifiesto Agile incluye 12 principios que guían la implementación de la metodología:

1. **Nuestra mayor prioridad es satisfacer al cliente mediante la entrega temprana y continua de software con valor.**
2. **Aceptar cambios en los requisitos, incluso en etapas tardías del desarrollo. Agile aprovecha los cambios para proporcionar ventaja competitiva al cliente.**
3. **Entregar software funcional frecuentemente, entre dos semanas y dos meses, con preferencia a los periodos de tiempo más cortos.**
4. **Los responsables de negocio y los desarrolladores deben trabajar juntos de forma cotidiana durante todo el proyecto.**
5. **Construir proyectos en torno a individuos motivados. Darles el entorno y el apoyo que necesitan, y confiar en ellos para realizar el trabajo.**
6. **El método más eficiente y efectivo de comunicar información al equipo de desarrollo y entre sus miembros es mediante la conversación cara a cara.**
7. **El software funcionando es la medida principal de progreso.**
8. **Los procesos Agile promueven el desarrollo sostenible. Los patrocinadores, desarrolladores y usuarios deben ser capaces de mantener un ritmo constante indefinidamente.**
9. **La atención continua a la excelencia técnica y al buen diseño mejora la agilidad.**

10. La simplicidad, o el arte de maximizar la cantidad de trabajo no realizado, es esencial.
11. Las mejores arquitecturas, requisitos y diseños emergen de equipos auto-organizados.
12. A intervalos regulares, el equipo reflexiona sobre cómo ser más efectivo, luego ajusta y perfecciona su comportamiento en consecuencia.

Impacto en la Cultura Organizacional

Adoptar la filosofía Agile implica un cambio cultural significativo dentro de la organización. Este cambio afecta varios aspectos clave:

1. **Colaboración y Comunicación**: Agile fomenta un entorno de trabajo donde la colaboración y la comunicación abierta son esenciales. Esto reduce los silos organizacionales y mejora la transparencia.
2. **Empoderamiento del Equipo**: Los equipos auto-organizados y auto-gestionados son un pilar de Agile. Esto empodera a los miembros del equipo, dándoles la autonomía para tomar decisiones y resolver problemas de manera efectiva.
3. **Adaptabilidad y Respuesta al Cambio**: La capacidad de adaptarse rápidamente a los cambios y nuevos desafíos es crucial. Agile ayuda a las organizaciones a ser más flexibles y ágiles, permitiéndoles responder de manera efectiva a las demandas del mercado.
4. **Mejora Continua**: La retroalimentación constante y la reflexión regular permiten a los equipos identificar áreas de mejora y aplicar cambios incrementales para optimizar los procesos y resultados.

Conclusión

La filosofía de Agile va más allá de las prácticas y herramientas específicas. Se trata de adoptar valores y principios que fomenten la adaptabilidad, la colaboración y la mejora continua. Al interiorizar y aplicar estos fundamentos, las organizaciones pueden transformar su cultura y mejorar significativamente su eficiencia y efectividad. En el próximo capítulo, exploraremos cómo aplicar Agile en el entorno empresarial, proporcionando una guía práctica para su implementación.

CAPÍTULO 4: CÓMO APLICAR AGILE EN EL ENTORNO EMPRESARIAL

Introducción

Implementar Agile en una organización requiere una planificación cuidadosa y un enfoque estructurado. Aunque la filosofía de Agile es clara, la transición desde métodos tradicionales puede presentar desafíos. Este capítulo proporciona una guía práctica para aplicar Agile en el entorno empresarial, desde la selección de equipos y herramientas hasta la adaptación de la cultura organizacional.

Selección de Equipos

1. **Equipos Multidisciplinarios**: Formar equipos que incluyan diversas habilidades y conocimientos. Un equipo Agile ideal incluye desarrolladores, testers, diseñadores y representantes del cliente.
2. **Tamaño del Equipo**: Mantener los equipos pequeños y manejables, generalmente entre 5 y 9 miembros. Equipos más pequeños facilitan una comunicación y colaboración más efectiva.
3. **Roles Clave**:
    - **Scrum Master**: Facilita el proceso Agile y elimina obstáculos que puedan impedir el progreso del equipo.
    - **Product Owner**: Representa los intereses del cliente y define las prioridades del proyecto.
    - **Equipo de Desarrollo**: Los miembros del equipo que realizan el trabajo técnico y creativo necesario para completar el proyecto.

Herramientas y Tecnologías

1. **Gestión de Proyectos**: Herramientas como Jira, Trello y Asana ayudan a gestionar tareas, sprints y el flujo de trabajo.
2. **Comunicación**: Plataformas como Slack, Microsoft Teams y Zoom facilitan la comunicación y colaboración en tiempo real.
3. **Control de Versiones**: Utilizar sistemas como Git para gestionar el código y las versiones del proyecto.
4. **Integración Continua**: Herramientas como Jenkins y Travis CI permiten la integración y entrega continua, asegurando que el software se pruebe y despliegue de manera regular.

Pasos para Implementar Agile

1. **Evaluación Inicial**: Realizar una evaluación de la organización para identificar las áreas que se beneficiarán más de Agile. Esto incluye entender los procesos actuales y los desafíos existentes.
2. **Formación y Capacitación**: Proporcionar formación adecuada a todos los niveles de la organización, desde los equipos de desarrollo hasta la alta dirección. Cursos y talleres sobre Scrum, Kanban y otros marcos Agile pueden ser muy útiles.
3. **Piloto Inicial**: Comenzar con un proyecto piloto para probar Agile en un entorno controlado. Seleccionar un proyecto con alto impacto y visibilidad puede ayudar a demostrar rápidamente los beneficios de Agile.
4. **Establecimiento de Roles**: Definir claramente los roles y responsabilidades dentro del equipo Agile. Asegurar que todos los miembros entiendan su papel y cómo contribuyen al éxito del proyecto.
5. **Adopción de Herramientas**: Implementar las herramientas seleccionadas para apoyar el proceso Agile. Asegurar que todos los miembros del equipo estén familiarizados con estas herramientas y sepan cómo utilizarlas de manera efectiva.
6. **Ceremonias Agile**:

- Reuniones Diarias (Daily Stand-ups): Breves reuniones diarias para revisar el progreso y abordar cualquier obstáculo.
    - Sprint Planning: Reuniones al inicio de cada sprint para planificar el trabajo y definir las metas.
    - Sprint Reviews: Revisiones al final de cada sprint para presentar el trabajo completado y recoger feedback.
    - Sprint Retrospectives: Reflexiones al final de cada sprint para identificar áreas de mejora y planificar cambios.
7. **Medición y Evaluación**: Establecer métricas claras para medir el progreso y el éxito del proyecto. Estas pueden incluir la velocidad del equipo, la calidad del producto y la satisfacción del cliente.
8. **Escalabilidad**: Una vez que el piloto sea exitoso, expandir Agile a otros proyectos y equipos dentro de la organización. Asegurar que haya un soporte continuo para la adopción de Agile a gran escala.

Adaptación de la Cultura Organizacional

La implementación de Agile no se trata solo de procesos y herramientas; también requiere un cambio en la cultura organizacional:

1. **Liderazgo y Apoyo**: El compromiso y el apoyo de la alta dirección son cruciales. Los líderes deben modelar comportamientos Agile y fomentar una cultura de colaboración y mejora continua.
2. **Transparencia y Comunicación**: Fomentar una comunicación abierta y honesta en todos los niveles de la organización. Utilizar herramientas y prácticas que aumenten la visibilidad del trabajo y el progreso.
3. **Empoderamiento del Equipo**: Fomentar la autonomía y la responsabilidad dentro de los equipos. Permitir que los equipos tomen decisiones y resuelvan problemas de manera independiente.

4. **Celebración de Éxitos y Aprendizaje de Errores**: Reconocer y celebrar los logros del equipo. Ver los errores como oportunidades de aprendizaje y crecimiento.

Conclusión

Implementar Agile en el entorno empresarial es un proceso complejo que requiere planificación, formación y un cambio cultural significativo. Sin embargo, los beneficios de Agile —incluyendo una mayor eficiencia, calidad y satisfacción del cliente— hacen que el esfuerzo valga la pena. En el próximo capítulo, exploraremos las claves del éxito para la implementación de Agile, ofreciendo estrategias y consejos prácticos para superar los desafíos y maximizar los beneficios.

CAPÍTULO 5: CLAVES DEL ÉXITO PARA LA IMPLEMENTACIÓN DE AGILE

Introducción

La implementación exitosa de Agile no depende solo de seguir los pasos correctos, sino también de comprender y aplicar una serie de factores clave que pueden influir significativamente en el resultado. Este capítulo aborda las principales claves para la implementación exitosa de Agile, proporcionando estrategias prácticas y ejemplos que pueden ayudarte a superar los desafíos y maximizar los beneficios.

Gestión del Cambio y Liderazgo

La transición a Agile requiere un cambio cultural significativo, y esto no puede lograrse sin un liderazgo fuerte y visionario. Los líderes deben estar comprometidos con Agile y actuar como modelos a seguir, demostrando los valores y principios de Agile en sus propias acciones.

1. **Compromiso de la Alta Dirección**: El apoyo y el compromiso de la alta dirección son esenciales. Los líderes deben proporcionar una visión clara y consistente de por qué Agile es importante y cómo beneficiará a la organización.
2. **Liderazgo Transformacional**: Fomentar un estilo de liderazgo que inspire y motive a los equipos a adoptar Agile. Los líderes transformacionales no solo dirigen el cambio, sino

que también empoderan a sus equipos para que se apropien del proceso.
3. **Formación Continua**: Proporcionar formación y desarrollo continuos para todos los niveles de la organización, asegurando que todos comprendan y puedan aplicar los principios y prácticas de Agile.

Selección Adecuada de Proyectos

No todos los proyectos son adecuados para Agile. Es crucial seleccionar los proyectos que más se beneficiarán de esta metodología.

1. **Proyectos Dinámicos y Complejos**: Los proyectos con requisitos cambiantes y alta incertidumbre son ideales para Agile. La adaptabilidad de Agile les permite responder rápidamente a los cambios y desafíos.
2. **Involucración del Cliente**: Seleccionar proyectos donde la colaboración estrecha con el cliente es posible y beneficiosa. La participación activa del cliente es un pilar fundamental de Agile.

Equipos Empoderados y Autónomos

El éxito de Agile depende en gran medida de la capacidad del equipo para auto-organizarse y tomar decisiones de manera autónoma.

1. **Auto-organización**: Fomentar la auto-organización dentro del equipo. Los miembros del equipo deben tener la autonomía para decidir cómo abordar las tareas y resolver problemas.
2. **Diversidad de Habilidades**: Formar equipos multidisciplinarios con una amplia gama de habilidades y conocimientos. Esto asegura que el equipo pueda abordar diferentes aspectos del proyecto de manera integral.
3. **Transparencia y Confianza**: Crear un ambiente de confianza donde los miembros del equipo se sientan seguros para

expresar sus ideas y preocupaciones. La transparencia en la comunicación y la toma de decisiones es crucial.

Retroalimentación y Mejora Continua

Uno de los principios fundamentales de Agile es la mejora continua. La retroalimentación regular y las reflexiones periódicas son esenciales para identificar áreas de mejora y aplicar cambios incrementales.

1. **Reuniones Retrospectivas**: Realizar reuniones retrospectivas al final de cada sprint para discutir qué funcionó bien, qué no funcionó y cómo mejorar. Estas reuniones deben ser abiertas y constructivas.
2. **Feedback del Cliente**: Recoger feedback del cliente de manera continua y utilizarlo para ajustar y mejorar el producto. Esto asegura que el producto final cumpla con las expectativas y necesidades del cliente.

Gestión de la Tensión en el Equipo

El trabajo en un entorno Agile puede ser intensivo y generar tensión. Es importante gestionar esta tensión de manera positiva para mantener la motivación y el compromiso del equipo.

1. **Resolución de Conflictos**: Desarrollar habilidades para gestionar y resolver conflictos de manera efectiva. La resolución de conflictos debe centrarse en encontrar soluciones constructivas que beneficien al equipo y al proyecto.
2. **Motivación y Reconocimiento**: Valorar y reconocer el esfuerzo del equipo. El reconocimiento puede ser formal (premios, bonos) o informal (felicitaciones, agradecimientos). La motivación es clave para mantener el entusiasmo y el compromiso del equipo.

Medición y Evaluación del Progreso

Medir y evaluar el progreso del proyecto es esencial para asegurar que se están logrando los objetivos y para identificar áreas de mejora.

1. **Métricas Clave**: Establecer métricas claras y relevantes para medir el progreso, como la velocidad del equipo, la calidad del producto y la satisfacción del cliente.
2. **Revisión y Ajustes**: Utilizar los datos recogidos para hacer ajustes y mejoras continuas en el proceso. Las revisiones periódicas permiten identificar problemas y aplicar soluciones de manera proactiva.

Conclusión

La implementación exitosa de Agile depende de múltiples factores que van más allá de seguir un conjunto de pasos. Desde el liderazgo y la selección adecuada de proyectos hasta la auto-organización de los equipos y la gestión de la tensión, cada uno de estos elementos juega un papel crucial en la transformación hacia una cultura Agile. En el próximo capítulo, exploraremos las principales diferencias entre Agile y otros métodos de gestión, proporcionando una comprensión más profunda de cuándo y cómo utilizar Agile para maximizar su efectividad.

CAPÍTULO 6: PRINCIPALES DIFERENCIAS ENTRE AGILE Y OTROS MÉTODOS DE GESTIÓN

Introducción

Agile es solo una de las muchas metodologías de gestión de proyectos disponibles. Para comprender completamente sus ventajas y cómo se puede aplicar mejor en diferentes contextos, es importante compararla con otros enfoques tradicionales, como el modelo Waterfall. Este capítulo examina las principales diferencias entre Agile y otros métodos de gestión de proyectos, destacando sus ventajas y desventajas.

Agile vs. Waterfall

El modelo Waterfall, o modelo en cascada, es uno de los enfoques más tradicionales en la gestión de proyectos. Aquí se destacan las diferencias clave entre Agile y Waterfall:

1. **Enfoque y Estructura**:
    - **Waterfall**: Sigue una secuencia lineal de fases, como análisis de requisitos, diseño, implementación, pruebas, y mantenimiento. Cada fase debe completarse antes de pasar a la siguiente.
    - **Agile**: Utiliza un enfoque iterativo e incremental, donde el proyecto se desarrolla en ciclos cortos llamados sprints. Cada sprint produce una versión funcional del producto.
2. **Flexibilidad**:

- **Waterfall**: Es rígido y difícil de cambiar una vez que las fases están en marcha. Los cambios en los requisitos a menudo son costosos y disruptivos.
- **Agile**: Es altamente flexible y adaptativo. Los cambios en los requisitos se pueden incorporar fácilmente en las iteraciones futuras, permitiendo una respuesta rápida a las necesidades emergentes.

3. **Interacción con el Cliente**:
    - **Waterfall**: La interacción con el cliente suele ser limitada a las etapas iniciales y finales del proyecto.
    - **Agile**: Fomenta una colaboración continua con el cliente, asegurando que el producto final satisfaga sus necesidades y expectativas.

4. **Entrega de Valor**:
    - **Waterfall**: El valor se entrega al final del ciclo de desarrollo, lo que puede llevar meses o incluso años.
    - **Agile**: El valor se entrega de manera continua a lo largo del desarrollo, proporcionando beneficios tangibles desde las primeras etapas del proyecto.

Agile vs. Scrum

Scrum es una de las metodologías Agile más populares, pero tiene sus propias características distintivas. Aquí se exploran las diferencias y similitudes entre Agile y Scrum:

1. **Definición**:
    - **Agile**: Es una filosofía o marco general que incluye varios métodos y prácticas.
    - **Scrum**: Es una metodología específica dentro del marco Agile, que proporciona un conjunto estructurado de roles, eventos y artefactos.

2. **Roles**:
    - **Agile**: Los roles pueden variar dependiendo de la metodología específica aplicada.

- **Scrum**: Define roles específicos como el Scrum Master, el Product Owner y el Equipo de Desarrollo.
3. **Estructura de Sprints**:
    - **Agile**: Los sprints pueden variar en duración y estructura según la metodología Agile adoptada.
    - **Scrum**: Utiliza sprints fijos, generalmente de dos a cuatro semanas, con una estructura bien definida para la planificación, ejecución y revisión de cada sprint.

Agile vs. Kanban

Kanban es otra metodología dentro del marco Agile, centrada en la visualización del flujo de trabajo y la mejora continua. Las diferencias entre Agile y Kanban incluyen:

1. **Estructura del Trabajo**:
    - **Agile**: Utiliza sprints y tiene un enfoque estructurado en la planificación de iteraciones.
    - **Kanban**: No utiliza sprints fijos; el trabajo fluye de manera continua a través del sistema Kanban, que visualiza las tareas en un tablero con columnas.
2. **Limitación de Tareas en Progreso**:
    - **Agile**: Puede tener varias tareas en progreso según el sprint planificado.
    - **Kanban**: Limita explícitamente el número de tareas en progreso (WIP) para evitar la sobrecarga y mejorar la eficiencia.
3. **Roles y Reuniones**:
    - **Agile**: Puede tener roles y reuniones específicas según la metodología (como en Scrum).
    - **Kanban**: Es más flexible con roles y reuniones, centrándose en la mejora continua del flujo de trabajo.

Agile vs. Lean

Lean es un enfoque de gestión derivado de la manufactura, enfocado en la eliminación de desperdicios y la maximización del valor. Las diferencias entre Agile y Lean incluyen:

1. **Origen**:
   - **Agile**: Originado en el desarrollo de software.
   - **Lean**: Originado en la manufactura, específicamente en el Sistema de Producción de Toyota.
2. **Objetivo Principal**:
   - **Agile**: Enfocado en la adaptabilidad y la entrega continua de valor.
   - **Lean**: Enfocado en la eliminación de desperdicios y la eficiencia del proceso.
3. **Implementación**:
   - **Agile**: Utiliza iteraciones cortas y feedback constante.
   - **Lean**: Utiliza principios y prácticas como el Just-In-Time, Poka-Yoke (prevención de errores) y Kaizen (mejora continua).

Conclusión

Cada metodología de gestión de proyectos tiene sus propias fortalezas y debilidades. Comprender las diferencias entre Agile y otros métodos te permitirá tomar decisiones informadas sobre cuándo y cómo aplicar Agile en tus proyectos. En el próximo capítulo, profundizaremos en los diez mandamientos de Agile, proporcionando una guía práctica para implementar estos principios en tu organización.

CAPÍTULO 7: DECÁLOGO DE LA METODOLOGÍA AGILE

Introducción

El decálogo de la metodología Agile consiste en diez principios fundamentales que guían la implementación efectiva de Agile en cualquier organización. Estos principios, cuando se aplican de manera coherente, aseguran que los equipos y las organizaciones puedan aprovechar al máximo los beneficios de Agile. Este capítulo explora cada uno de estos mandamientos en detalle, proporcionando ejemplos prácticos y consejos sobre cómo aplicarlos en la práctica.

Mandamiento 1: Motivar y reconocer al equipo de trabajo

La motivación y el reconocimiento son cruciales para mantener a los equipos comprometidos y productivos. Un equipo motivado es más propenso a colaborar, innovar y esforzarse por alcanzar los objetivos del proyecto.

- **Acciones Prácticas**:
    - Proporcionar feedback positivo y constructivo de manera regular.
    - Reconocer públicamente los logros individuales y del equipo.
    - Ofrecer incentivos y recompensas, tanto monetarias como no monetarias.
    - Crear un entorno de trabajo positivo y de apoyo.

Mandamiento 2: Mantener un nivel de comunicación óptimo

La comunicación efectiva es la columna vertebral de cualquier proyecto Agile. Facilita la colaboración, la resolución de problemas y la toma de decisiones rápidas y bien informadas.

- **Acciones Prácticas**:
    - Realizar reuniones diarias (daily stand-ups) para alinear al equipo.
    - Utilizar herramientas de comunicación como Slack o Microsoft Teams.
    - Fomentar una cultura de comunicación abierta y transparente.
    - Proveer canales para la retroalimentación continua y el diálogo constructivo.

Mandamiento 3: Aumentar la productividad mediante la eficiencia

La productividad no se trata solo de trabajar más duro, sino de trabajar de manera más inteligente. Agile se enfoca en la eficiencia y en la entrega continua de valor.

- **Acciones Prácticas**:
    - Implementar técnicas de gestión del tiempo como Pomodoro.
    - Automatizar tareas repetitivas para liberar tiempo para el trabajo de mayor valor.
    - Priorizar tareas basadas en su impacto y urgencia.
    - Eliminar obstáculos y barreras que puedan ralentizar el progreso.

Mandamiento 4: Fomentar la toma de decisiones en consenso

La toma de decisiones en consenso asegura que todas las voces sean escuchadas y que el equipo esté alineado en sus objetivos y estrategias. Esto fortalece el compromiso y la responsabilidad compartida.

- **Acciones Prácticas**:

- Utilizar técnicas de toma de decisiones participativas como el voto ponderado.
- Fomentar el uso de técnicas como "brainstorming" y "tormenta de ideas" para generar soluciones.
- Asegurar que todas las decisiones importantes se discutan en reuniones de equipo.
- Documentar las decisiones y los acuerdos alcanzados para referencia futura.

Mandamiento 5: Realizar reuniones de reporte de final de jornada

Las reuniones de reporte al final de la jornada (end-of-day reviews) permiten al equipo reflexionar sobre el trabajo realizado, identificar obstáculos y planificar las actividades del día siguiente.

- **Acciones Prácticas**:
  - Mantener las reuniones breves y centradas en los puntos clave.
  - Fomentar la participación de todos los miembros del equipo.
  - Utilizar un formato estructurado para las reuniones, como "qué hicimos hoy, qué haremos mañana, y qué obstáculos enfrentamos".
  - Registrar y seguir los acuerdos y acciones derivadas de estas reuniones.

Mandamiento 6: Atender las necesidades e inquietudes del equipo a tiempo

Abordar las necesidades y preocupaciones del equipo de manera oportuna es crucial para mantener la moral alta y evitar bloqueos que puedan retrasar el proyecto.

- **Acciones Prácticas**:
  - Establecer canales claros para la comunicación de inquietudes, como reuniones uno a uno o herramientas de retroalimentación anónima.

- o Resolver los problemas tan pronto como surjan, antes de que se conviertan en mayores obstáculos.
- o Mostrar empatía y comprensión hacia las preocupaciones del equipo.
- o Proveer los recursos necesarios para resolver los problemas del equipo.

Mandamiento 7: Implementar un control administrativo eficaz

Un control administrativo eficaz asegura que los recursos se utilicen de manera óptima y que el proyecto se mantenga en el camino correcto.

- **Acciones Prácticas**:
    - o Utilizar herramientas de gestión de proyectos como Jira o Asana para monitorizar el progreso.
    - o Establecer KPIs claros y medibles para evaluar el rendimiento.
    - o Realizar auditorías y revisiones periódicas del proyecto.
    - o Ajustar las estrategias basadas en los datos y resultados obtenidos.

Mandamiento 8: Asignar tareas de manera justa y equitativa

Asignar tareas de manera justa y equitativa asegura que todos los miembros del equipo estén comprometidos y que las cargas de trabajo estén equilibradas.

- **Acciones Prácticas**:
    - o Evaluar las habilidades y capacidades de cada miembro del equipo al asignar tareas.
    - o Rotar las tareas entre los miembros del equipo para evitar el agotamiento y fomentar el aprendizaje.
    - o Utilizar herramientas de planificación de recursos para distribuir las tareas de manera equilibrada.
    - o Asegurar que todos los miembros del equipo tengan oportunidades de trabajar en tareas desafiantes y significativas.

Mandamiento 9: Fomentar valores de respeto y solidaridad

Un entorno de trabajo basado en el respeto y la solidaridad mejora la cohesión del equipo y la satisfacción laboral.

- **Acciones Prácticas**:
  - Promover una cultura de respeto y apoyo mutuo.
  - Organizar actividades de team building para fortalecer las relaciones dentro del equipo.
  - Resolver los conflictos de manera justa y equitativa.
  - Reconocer y valorar las contribuciones de cada miembro del equipo.

Mandamiento 10: Construir un equipo empoderado y comprometido

Un equipo empoderado y comprometido es capaz de tomar decisiones informadas, resolver problemas de manera eficaz y alcanzar los objetivos del proyecto.

- **Acciones Prácticas**:
  - Delegar autoridad y responsabilidad a los miembros del equipo.
  - Proporcionar las herramientas y los recursos necesarios para que el equipo tenga éxito.
  - Fomentar un ambiente de trabajo donde se valoren la creatividad y la innovación.
  - Proveer oportunidades de desarrollo profesional y personal.

Conclusión

El decálogo de la metodología Agile proporciona un marco claro y práctico para la implementación de Agile en cualquier organización. Al seguir estos diez mandamientos, los equipos pueden mejorar su colaboración, productividad y capacidad de respuesta, asegurando así el éxito de sus proyectos. En el próximo capítulo, exploraremos las herramientas más utilizadas en Agile, ofreciendo una guía sobre cómo seleccionarlas y utilizarlas de manera efectiva.

CAPÍTULO 8: HERRAMIENTAS MÁS UTILIZADAS EN AGILE

Introducción

La implementación de Agile en un proyecto no solo requiere de un cambio cultural y de procesos, sino también del uso adecuado de herramientas que faciliten la gestión del trabajo, la comunicación y la colaboración. Este capítulo presenta las herramientas más utilizadas en Agile, proporcionando una descripción detallada de sus características, beneficios y casos de uso. Además, se ofrecen recomendaciones sobre cómo seleccionar la herramienta adecuada para tus necesidades específicas.

Herramientas de Gestión de Proyectos

1. **Jira**
    - **Descripción**: Jira es una herramienta de gestión de proyectos desarrollada por Atlassian, diseñada específicamente para equipos Agile. Soporta Scrum, Kanban y metodologías híbridas.
    - **Características**:
        - Tableros Kanban y Scrum personalizables.
        - Gestión de backlog y sprints.
        - Informes y métricas detalladas.
        - Integraciones con otras herramientas (Confluence, Bitbucket).
    - **Beneficios**: Mejora la visibilidad del progreso del proyecto, facilita la planificación y permite una gestión eficiente del flujo de trabajo.
    - **Casos de Uso**: Ideal para equipos de desarrollo de software, proyectos grandes y complejos.

2. **Trello**
    - **Descripción**: Trello es una herramienta de gestión de proyectos basada en tableros Kanban. Es conocida por su simplicidad y flexibilidad.
    - **Características**:
        - Tableros, listas y tarjetas personalizables.
        - Etiquetas, fechas límite y checklists.
        - Integraciones con herramientas como Slack y Google Drive.
    - **Beneficios**: Fácil de usar, visualmente intuitivo y altamente flexible para adaptarse a diferentes tipos de proyectos.
    - **Casos de Uso**: Adecuado para equipos pequeños, proyectos no técnicos y gestión de tareas personales.
3. **Asana**
    - **Descripción**: Asana es una herramienta de gestión de proyectos y tareas que ayuda a los equipos a organizar, rastrear y gestionar su trabajo.
    - **Características**:
        - Listas de tareas, tableros Kanban y cronogramas.
        - Gestión de dependencias y hitos.
        - Informes y dashboards personalizados.
    - **Beneficios**: Ofrece una visión integral del proyecto, facilita la colaboración y mejora la gestión de tareas y plazos.
    - **Casos de Uso**: Ideal para equipos de marketing, operaciones y cualquier proyecto que requiera una coordinación detallada de tareas.

Herramientas de Comunicación y Colaboración

1. **Slack**
    - **Descripción**: Slack es una plataforma de mensajería que facilita la comunicación en tiempo real entre los miembros del equipo.
    - **Características**:
        - Canales para diferentes proyectos o equipos.
        - Integraciones con herramientas de gestión de proyectos y servicios en la nube.
        - Funcionalidades de búsqueda y archivo de mensajes.

- **Beneficios**: Mejora la comunicación y la colaboración, reduce la necesidad de correos electrónicos y facilita la rápida resolución de problemas.
- **Casos de Uso**: Útil para cualquier equipo que necesite una comunicación constante y en tiempo real.

2. **Microsoft Teams**
   - **Descripción**: Microsoft Teams es una plataforma de colaboración que integra chat, videoconferencias y aplicaciones de Office 365.
   - **Características**:
     - Chat en tiempo real y videollamadas.
     - Integración con herramientas de Microsoft (Word, Excel, SharePoint).
     - Espacios de trabajo colaborativos y almacenamiento de archivos.
   - **Beneficios**: Centraliza la comunicación y la colaboración en un solo lugar, integrando herramientas de productividad ampliamente utilizadas.
   - **Casos de Uso**: Ideal para organizaciones que ya utilizan el ecosistema de Microsoft.

Herramientas de Integración y Entrega Continua

1. **Jenkins**
   - **Descripción**: Jenkins es una herramienta de integración continua y entrega continua (CI/CD) de código abierto.
   - **Características**:
     - Automatización de procesos de construcción, prueba y despliegue.
     - Integraciones con múltiples sistemas de control de versiones y herramientas de construcción.
     - Soporte para pipelines configurables.
   - **Beneficios**: Acelera el ciclo de desarrollo, reduce errores humanos y mejora la calidad del software.
   - **Casos de Uso**: Crucial para equipos de desarrollo de software que necesitan entregar código de alta calidad de manera rápida y frecuente.
2. **Travis CI**

- Descripción: Travis CI es una herramienta de integración continua que se integra con GitHub para automatizar las pruebas y despliegues de software.
- Características:
  - Configuración a través de archivos YAML.
  - Soporte para múltiples lenguajes de programación.
  - Integraciones con plataformas de despliegue y notificación.
- Beneficios: Facilita la configuración y automatización del proceso de integración y despliegue, mejorando la eficiencia del equipo de desarrollo.
- Casos de Uso: Ideal para proyectos alojados en GitHub y equipos que buscan una solución CI fácil de configurar y usar.

Herramientas de Planificación y Visualización

1. **Miro**
   - Descripción: Miro es una herramienta de colaboración visual que permite a los equipos trabajar juntos en un lienzo digital.
   - Características:
     - Tableros colaborativos en tiempo real.
     - Plantillas para planificación estratégica, diseño de procesos y retrospectivas.
     - Integraciones con herramientas de gestión de proyectos.
   - Beneficios: Facilita la colaboración visual, la planificación y la ideación, especialmente en equipos distribuidos.
   - Casos de Uso: Útil para workshops, sesiones de brainstorming y planificación de proyectos.

2. **Lucidchart**
   - Descripción: Lucidchart es una herramienta de diagramación y visualización que permite crear diagramas de flujo, mapas mentales y organigramas.
   - Características:
     - Creación de diagramas y gráficos colaborativos.
     - Integraciones con herramientas como Slack, Google Drive y Atlassian.
     - Plantillas y formas personalizables.

- **Beneficios**: Mejora la claridad y la comprensión de los procesos y estructuras complejas, facilitando la colaboración y la planificación.
- **Casos de Uso**: Ideal para diagramas de arquitectura, mapas de procesos y análisis de sistemas.

Conclusión

Las herramientas adecuadas pueden hacer una gran diferencia en la implementación de Agile, facilitando la gestión de proyectos, la comunicación y la colaboración. Seleccionar las herramientas que mejor se adapten a las necesidades específicas de tu equipo y proyecto es crucial para el éxito. En el próximo capítulo, exploraremos las ventajas y beneficios de Agile, destacando cómo esta metodología puede transformar tu organización y mejorar significativamente los resultados de tus proyectos.

CAPÍTULO 9: VENTAJAS Y BENEFICIOS DE AGILE

Introducción

La metodología Agile ha revolucionado la gestión de proyectos, proporcionando una serie de beneficios tangibles e intangibles que han llevado a muchas organizaciones a adoptarla. Este capítulo explora las ventajas y beneficios de Agile, destacando cómo puede transformar la eficiencia, la calidad y la satisfacción del cliente en cualquier organización.

Beneficios Tangibles de Agile
1. **Mejora en la Productividad**
    - **Descripción**: Agile aumenta la productividad del equipo al fomentar ciclos de trabajo cortos y enfocados (sprints), que permiten a los equipos centrarse en tareas específicas sin distracciones.
    - **Ejemplo Práctico**: Equipos de desarrollo de software que usan Scrum suelen reportar una mejora significativa en la entrega de funcionalidades debido a la clara división del trabajo en sprints.
2. **Reducción del Tiempo de Comercialización**
    - **Descripción**: Agile permite a los equipos entregar productos y características más rápidamente mediante iteraciones cortas y la entrega continua de valor.
    - **Ejemplo Práctico**: Empresas como Amazon y Spotify utilizan Agile para lanzar nuevas características y actualizaciones regularmente, manteniéndose competitivas en el mercado.
3. **Mayor Flexibilidad y Adaptabilidad**

- Descripción: Agile facilita la adaptación a los cambios en los requisitos del proyecto, permitiendo ajustes rápidos y efectivos en respuesta a las necesidades del cliente y del mercado.
- Ejemplo Práctico: Startups que operan en entornos altamente dinámicos se benefician de la capacidad de Agile para pivotar rápidamente según las demandas del mercado.

4. **Mejora en la Calidad del Producto**
    - Descripción: La retroalimentación constante y las pruebas continuas durante el desarrollo aseguran que los problemas se identifiquen y solucionen rápidamente, mejorando la calidad del producto final.
    - Ejemplo Práctico: Equipos que implementan Test-Driven Development (TDD) dentro de un marco Agile reportan una disminución en los defectos de software y un aumento en la satisfacción del cliente.

Beneficios Intangibles de Agile

1. **Aumento de la Satisfacción del Cliente**
    - Descripción: La participación continua del cliente y la entrega frecuente de valor aseguran que el producto final cumpla con las expectativas y necesidades del cliente.
    - Ejemplo Práctico: Proyectos donde los clientes participan activamente en las revisiones de sprint y proporcionan feedback regular suelen tener resultados más alineados con sus expectativas.
2. **Mayor Moral y Motivación del Equipo**
    - Descripción: La auto-organización y la autonomía empoderan a los equipos, aumentando su compromiso y motivación.
    - Ejemplo Práctico: Equipos en empresas tecnológicas como Google reportan altos niveles de satisfacción laboral y creatividad debido a la autonomía y el empoderamiento promovidos por Agile.

3. **Mejora en la Colaboración y Comunicación**
   o **Descripción**: Agile fomenta una comunicación abierta y transparente entre los miembros del equipo y con los stakeholders, mejorando la colaboración y la toma de decisiones.
   o **Ejemplo Práctico**: Equipos que realizan reuniones diarias (daily stand-ups) y retrospectivas al final de cada sprint mejoran la coordinación y la resolución de problemas.
4. **Fomento de la Innovación**
   o **Descripción**: El enfoque en la mejora continua y la adaptación rápida permite a los equipos experimentar y probar nuevas ideas sin temor al fracaso.
   o **Ejemplo Práctico**: Empresas que adoptan Agile, como Tesla, son capaces de innovar rápidamente y mantenerse a la vanguardia de la tecnología.

Impacto en la Organización
1. **Transformación Cultural**
   o **Descripción**: Agile no solo cambia la forma en que se gestionan los proyectos, sino que también transforma la cultura organizacional hacia una mentalidad de colaboración, transparencia y adaptabilidad.
   o **Ejemplo Práctico**: Organizaciones que adoptan Agile reportan una cultura más abierta y colaborativa, con una mayor disposición a aceptar y adaptarse al cambio.
2. **Mejora en la Gestión de Riesgos**
   o **Descripción**: La naturaleza iterativa de Agile permite identificar y mitigar riesgos de manera temprana y continua a lo largo del proyecto.
   o **Ejemplo Práctico**: Equipos que utilizan Agile pueden detectar problemas potenciales en fases tempranas y ajustar el curso del proyecto para minimizar el impacto.
3. **Alineación con las Estrategias de Negocio**

- **Descripción**: Agile permite a las organizaciones alinear mejor los proyectos con las estrategias y objetivos de negocio, asegurando que el trabajo realizado contribuya directamente al éxito de la organización.
- **Ejemplo Práctico**: Empresas que alinean sus proyectos Agile con las metas estratégicas reportan una mayor coherencia y efectividad en la ejecución de su visión y misión.

Conclusión

La adopción de Agile ofrece una amplia gama de beneficios que pueden transformar tanto la eficiencia operativa como la cultura organizacional. Desde mejoras en la productividad y la calidad del producto hasta un mayor compromiso del equipo y satisfacción del cliente, Agile proporciona un marco robusto para enfrentar los desafíos del entorno empresarial moderno. En el próximo capítulo, exploraremos el impacto de Agile en la organización empresarial, destacando cómo puede llevar a una transformación integral y sostenible.

CAPÍTULO 10: IMPACTO DE AGILE EN LA ORGANIZACIÓN EMPRESARIAL

Introducción

La implementación de Agile no solo afecta la forma en que se gestionan los proyectos, sino que también tiene un impacto profundo en la estructura, la cultura y el desempeño general de la organización. Este capítulo analiza cómo Agile puede transformar una organización, proporcionando ejemplos de cambios significativos y beneficios a largo plazo.

Transformación de la Cultura Organizacional

1. **Promoción de la Cultura de Colaboración**
   - **Descripción**: Agile fomenta una cultura donde la colaboración y el trabajo en equipo son esenciales. La comunicación abierta y la participación activa de todos los miembros del equipo crean un entorno de trabajo más cohesivo y colaborativo.
   - **Ejemplo Práctico**: Empresas como Spotify han adoptado Agile para crear "squads" y "tribes", pequeños equipos autónomos que colaboran estrechamente y se alinean con los objetivos generales de la organización.
2. **Aumento de la Transparencia**
   - **Descripción**: Agile promueve la transparencia en todos los niveles de la organización. La visibilidad del progreso del proyecto, los desafíos y las decisiones se comparte abiertamente, lo que mejora la confianza y la responsabilidad.

- **Ejemplo Práctico**: Organizaciones que implementan tableros Kanban y herramientas de seguimiento de proyectos como Jira, permiten a todos los miembros del equipo y a los stakeholders ver el estado del trabajo en tiempo real.
3. **Fomento de la Innovación**
    - **Descripción**: Agile crea un entorno que incentiva la experimentación y la innovación. La capacidad de probar nuevas ideas rápidamente y adaptarse según los resultados promueve una mentalidad de mejora continua.
    - **Ejemplo Práctico**: Empresas como Google permiten a sus equipos dedicar un porcentaje de su tiempo a proyectos innovadores, utilizando principios Agile para gestionar estos esfuerzos.

Cambios en la Estructura Organizacional
1. **Equipos Auto-Organizados y Multifuncionales**
    - **Descripción**: Agile fomenta la creación de equipos auto-organizados y multifuncionales que poseen todas las habilidades necesarias para completar sus tareas sin depender de otros departamentos.
    - **Ejemplo Práctico**: En empresas como ING, la transición a Agile ha llevado a la formación de equipos multifuncionales que pueden tomar decisiones rápidas y eficientes, reduciendo la burocracia y mejorando la velocidad de entrega.
2. **Reducción de la Jerarquía**
    - **Descripción**: Agile reduce las estructuras jerárquicas tradicionales, promoviendo una mayor autonomía y empoderamiento en todos los niveles del equipo.
    - **Ejemplo Práctico**: La empresa de software Valve ha implementado una estructura organizativa plana, donde los equipos Agile tienen la libertad de tomar decisiones estratégicas sin una supervisión jerárquica estricta.
3. **Mejora en la Gestión de Recursos**

- o **Descripción**: Agile permite una gestión más eficiente de los recursos, ya que los equipos pueden adaptarse rápidamente a las necesidades cambiantes y priorizar las tareas de mayor impacto.
- o **Ejemplo Práctico**: Empresas de manufactura que utilizan principios Lean-Agile pueden ajustar rápidamente sus líneas de producción para responder a las demandas del mercado, optimizando el uso de materiales y mano de obra.

Impacto en el Desempeño de la Organización

1. **Mejora en la Calidad del Producto**
   - o **Descripción**: La retroalimentación continua y las pruebas frecuentes aseguran que los productos se desarrollen con alta calidad y cumplan con las expectativas del cliente.
   - o **Ejemplo Práctico**: Equipos de desarrollo de software que implementan DevOps junto con Agile pueden realizar despliegues frecuentes y automatizados, mejorando la calidad y reduciendo los errores.
2. **Mayor Velocidad de Entrega**
   - o **Descripción**: Agile reduce el tiempo de comercialización al dividir el trabajo en iteraciones cortas y manejables, permitiendo entregas frecuentes y continuas de valor.
   - o **Ejemplo Práctico**: Empresas de tecnología que utilizan Scrum pueden lanzar nuevas funcionalidades y actualizaciones semanalmente, manteniéndose competitivas y respondiendo rápidamente a las necesidades del cliente.
3. **Alineación con los Objetivos Estratégicos**
   - o **Descripción**: Agile permite una alineación más estrecha entre los proyectos y los objetivos estratégicos de la organización, asegurando que cada esfuerzo contribuya al éxito general de la empresa.

- **Ejemplo Práctico**: Organizaciones que utilizan OKRs (Objectives and Key Results) junto con Agile aseguran que los objetivos del equipo estén alineados con las metas estratégicas de la empresa, mejorando la coherencia y el enfoque.

Conclusión

El impacto de Agile en la organización empresarial es profundo y multifacético. Desde la transformación cultural y estructural hasta las mejoras en el desempeño y la calidad del producto, Agile ofrece una serie de beneficios que pueden llevar a una organización a nuevos niveles de eficiencia y efectividad. En el próximo capítulo, exploraremos los requisitos básicos para implementar Agile en tu organización, proporcionando una guía práctica para preparar a tu equipo y asegurar una transición exitosa.

CAPÍTULO 11: REQUISITOS BÁSICOS PARA IMPLEMENTAR AGILE

Introducción

La implementación de Agile requiere una planificación cuidadosa y un entendimiento claro de los requisitos básicos necesarios para asegurar su éxito. Este capítulo proporciona una guía práctica sobre los elementos esenciales que deben estar en su lugar antes de iniciar la transición hacia Agile. Desde las habilidades y competencias necesarias hasta los recursos y herramientas indispensables, este capítulo te preparará para una implementación efectiva.

Habilidades y Competencias Necesarias

1. **Conocimiento de Agile**
   - **Descripción**: Es fundamental que todos los miembros del equipo comprendan los principios y prácticas de Agile.
   - **Acciones Prácticas**:
     - Proporcionar formación y certificación en metodologías Agile (Scrum, Kanban, etc.).
     - Organizar talleres y seminarios sobre Agile.
     - Promover la lectura de libros y artículos sobre Agile.
2. **Habilidades de Comunicación**
   - **Descripción**: La comunicación clara y efectiva es esencial para el éxito de Agile.
   - **Acciones Prácticas**:
     - Fomentar la comunicación abierta y transparente.

- Organizar sesiones de capacitación en habilidades de comunicación.
- Utilizar herramientas de comunicación efectivas como Slack o Microsoft Teams.

3. **Capacidad de Trabajo en Equipo**
   - **Descripción**: Agile se basa en la colaboración y el trabajo en equipo.
   - **Acciones Prácticas**:
     - Promover actividades de team building.
     - Fomentar una cultura de apoyo mutuo y colaboración.
     - Establecer roles y responsabilidades claros dentro del equipo.

4. **Adaptabilidad y Flexibilidad**
   - **Descripción**: Los equipos deben estar preparados para adaptarse a los cambios y ser flexibles en su enfoque.
   - **Acciones Prácticas**:
     - Fomentar una mentalidad de mejora continua.
     - Proporcionar formación en técnicas de resolución de problemas y gestión del cambio.
     - Crear un entorno que valore y recompense la adaptabilidad.

Recursos y Herramientas Indispensables

1. **Herramientas de Gestión de Proyectos**
   - **Descripción**: Las herramientas de gestión de proyectos son cruciales para planificar, monitorizar y gestionar el progreso del proyecto.
   - **Acciones Prácticas**:
     - Implementar herramientas como Jira, Trello o Asana.
     - Proporcionar formación en el uso de estas herramientas.
     - Configurar tableros Kanban o Scrum según las necesidades del equipo.

2. **Herramientas de Comunicación y Colaboración**

- ○ **Descripción**: Facilitan la comunicación y la colaboración dentro del equipo y con los stakeholders.
- ○ **Acciones Prácticas**:
  - Utilizar plataformas como Slack, Microsoft Teams o Zoom.
  - Fomentar el uso de herramientas de colaboración en línea como Google Workspace o Microsoft Office 365.
  - Establecer canales de comunicación claros y efectivos.
3. **Herramientas de Integración y Entrega Continua**
   - ○ **Descripción**: Son esenciales para la automatización del proceso de desarrollo y entrega de software.
   - ○ **Acciones Prácticas**:
     - Implementar herramientas como Jenkins, Travis CI o CircleCI.
     - Configurar pipelines de CI/CD.
     - Proporcionar formación en la utilización de estas herramientas.

Planificación y Estrategia de Implementación

1. **Evaluación Inicial**
   - ○ **Descripción**: Evaluar el estado actual de la organización y los proyectos para identificar áreas que se beneficiarán más de Agile.
   - ○ **Acciones Prácticas**:
     - Realizar un análisis de necesidades y capacidades.
     - Identificar proyectos piloto para la implementación inicial de Agile.
     - Evaluar la disposición del equipo para adoptar Agile.
2. **Formación y Capacitación**
   - ○ **Descripción**: Proporcionar formación adecuada a todos los niveles de la organización.
   - ○ **Acciones Prácticas**:
     - Organizar cursos y talleres de formación en Agile.

- Proveer acceso a recursos educativos como libros, artículos y videos.
- Fomentar la participación en comunidades y eventos de Agile.

3. **Definición de Roles y Responsabilidades**
   - **Descripción**: Establecer roles claros dentro del equipo Agile.
   - **Acciones Prácticas**:
     - Definir y comunicar roles como Scrum Master, Product Owner y Equipo de Desarrollo.
     - Proporcionar formación específica para cada rol.
     - Establecer expectativas claras y medir el desempeño regularmente.

4. **Desarrollo de un Roadmap de Implementación**
   - **Descripción**: Crear un plan detallado para la implementación de Agile en la organización.
   - **Acciones Prácticas**:
     - Definir objetivos y hitos claros.
     - Crear un cronograma de implementación.
     - Monitorear y ajustar el plan según sea necesario.

Conclusión

La implementación de Agile requiere una combinación de habilidades, herramientas y planificación estratégica. Al preparar adecuadamente a tu equipo y tu organización, puedes asegurar una transición suave y efectiva hacia Agile. En el próximo capítulo, exploraremos los principales bloqueos mentales dentro de una organización y cómo superarlos para facilitar la adopción de Agile.

CAPÍTULO 12: PRINCIPALES BLOQUEOS MENTALES DENTRO DE UNA ORGANIZACIÓN

Introducción

La adopción de Agile no siempre es un camino fácil. Las organizaciones a menudo enfrentan varios bloqueos mentales que pueden obstaculizar la implementación y el éxito de Agile. Este capítulo analiza estos bloqueos y proporciona estrategias para superarlos, asegurando una transición más suave y efectiva hacia una cultura Agile.

Bloqueo 1: Resistencia al Cambio
1. **Descripción**
    - La resistencia al cambio es uno de los mayores obstáculos en la adopción de Agile. Los individuos y equipos pueden ser reacios a abandonar las prácticas y procesos establecidos.
2. **Causas Comunes**
    - Miedo a lo desconocido.
    - Pérdida percibida de control o poder.
    - Falta de comprensión de los beneficios de Agile.
3. **Estrategias para Superarlo**
    - **Comunicación Clara y Transparente**: Explicar los beneficios de Agile y cómo impactará positivamente en la organización y en los equipos.

- o **Formación y Educación**: Proporcionar formación continua sobre Agile y sus prácticas.
- o **Liderazgo y Ejemplo**: Los líderes deben modelar el comportamiento Agile y mostrar su compromiso con la metodología.

Bloqueo 2: Falta de Compromiso de la Alta Dirección

1. **Descripción**
   - o Sin el apoyo y el compromiso de la alta dirección, la implementación de Agile puede enfrentar serias dificultades.
2. **Causas Comunes**
   - o Falta de comprensión de Agile.
   - o Preocupación por los costos y los recursos necesarios.
   - o Inercia organizacional.
3. **Estrategias para Superarlo**
   - o **Presentar Casos de Éxito**: Mostrar ejemplos de organizaciones similares que han tenido éxito con Agile.
   - o **Involucrar a la Alta Dirección en el Proceso**: Hacer que los líderes participen en talleres y sesiones de formación.
   - o **Demostrar Resultados Tangibles**: Implementar proyectos piloto y mostrar los resultados positivos.

Bloqueo 3: Mentalidad de Silos

1. **Descripción**
   - o La mentalidad de silos ocurre cuando los equipos o departamentos trabajan de manera aislada, sin una colaboración efectiva.
2. **Causas Comunes**
   - o Estructuras organizacionales tradicionales.
   - o Falta de comunicación y colaboración.
   - o Competencia interna.
3. **Estrategias para Superarlo**

- Fomentar la Colaboración Interdepartamental: Crear equipos multifuncionales y promover la comunicación abierta.
- Utilizar Herramientas de Colaboración: Implementar herramientas que faciliten la colaboración y el intercambio de información.
- Establecer Objetivos Comunes: Definir metas y objetivos que requieran la colaboración entre equipos.

Bloqueo 4: Miedo al Fracaso

1. **Descripción**
   - El miedo al fracaso puede paralizar a los equipos y hacer que eviten tomar riesgos necesarios para la innovación y la mejora continua.
2. **Causas Comunes**
   - Cultura organizacional que penaliza los errores.
   - Falta de confianza en las habilidades y capacidades del equipo.
   - Experiencias negativas pasadas.
3. **Estrategias para Superarlo**
   - **Crear una Cultura de Aprendizaje**: Fomentar un entorno donde los errores se vean como oportunidades de aprendizaje.
   - **Reconocer y Recompensar el Esfuerzo y la Innovación**: Valorar y celebrar los intentos de mejora y la experimentación.
   - **Proveer Apoyo y Recursos**: Asegurar que los equipos tengan los recursos y el apoyo necesarios para experimentar y mejorar.

Bloqueo 5: Falta de Claridad en los Roles y Responsabilidades

1. **Descripción**
   - La falta de claridad en los roles y responsabilidades puede llevar a la confusión y la ineficiencia.
2. **Causas Comunes**

- Transición inadecuada de los roles tradicionales a los roles Agile.
- Falta de comunicación sobre las expectativas.
- Desconocimiento de las responsabilidades de cada rol en Agile.

3. **Estrategias para Superarlo**
   - **Definir Claramente los Roles y Responsabilidades**: Proporcionar descripciones claras y detalladas de los roles en Agile.
   - **Proveer Formación Específica**: Ofrecer capacitación específica para cada rol dentro de Agile.
   - **Revisar y Ajustar Regularmente**: Evaluar y ajustar los roles y responsabilidades según sea necesario para asegurar la alineación con los objetivos del proyecto.

Conclusión

Los bloqueos mentales son desafíos comunes en la adopción de Agile, pero con las estrategias adecuadas, es posible superarlos y asegurar una transición exitosa. Al abordar estos bloqueos de manera proactiva, las organizaciones pueden crear un entorno que favorezca la colaboración, la innovación y la mejora continua. En la conclusión del libro, resumiremos los puntos clave y ofreceremos algunas reflexiones finales sobre el futuro de Agile y su impacto en las organizaciones.

CONCLUSIÓN

Resumen de Puntos Clave

A lo largo de este libro, hemos explorado en profundidad los diversos aspectos de la metodología Agile, desde sus fundamentos y principios hasta su implementación y los beneficios que ofrece. Hemos cubierto los siguientes puntos clave:

1. **Definición y Origen de Agile**: Comprendimos qué es Agile y cómo surgió en respuesta a las limitaciones de los métodos tradicionales de gestión de proyectos.
2. **Filosofía y Principios de Agile**: Exploramos los valores y principios fundamentales que guían la metodología Agile, destacando la importancia de la adaptabilidad, la colaboración y la entrega continua de valor.
3. **Implementación de Agile**: Proporcionamos una guía práctica para la implementación de Agile, incluyendo la selección de equipos, herramientas y estrategias de planificación.
4. **Claves del Éxito**: Identificamos los factores críticos para el éxito de Agile, desde el liderazgo y la formación hasta la gestión del cambio y la motivación del equipo.
5. **Comparación con Otros Métodos**: Analizamos las diferencias entre Agile y otros enfoques de gestión de proyectos, destacando cuándo y cómo utilizar Agile de manera efectiva.
6. **Herramientas Esenciales**: Presentamos las herramientas más utilizadas en Agile y cómo seleccionar y utilizar las adecuadas para las necesidades específicas de tu equipo y proyecto.
7. **Ventajas y Beneficios**: Detallamos los beneficios tangibles e intangibles de Agile, desde la mejora en la productividad y la calidad del producto hasta el aumento de la satisfacción del cliente y la moral del equipo.

8. **Impacto en la Organización**: Exploramos cómo Agile puede transformar la cultura, la estructura y el desempeño de la organización, llevando a una mayor eficiencia y efectividad.
9. **Requisitos Básicos**: Proporcionamos una lista de los elementos esenciales necesarios para preparar a tu equipo y organización para la adopción de Agile.
10. **Superar Bloqueos Mentales**: Identificamos los principales bloqueos mentales que pueden obstaculizar la adopción de Agile y ofrecimos estrategias para superarlos.

Reflexiones Finales sobre el Futuro de Agile

Agile ha demostrado ser una metodología robusta y flexible que puede adaptarse a una amplia gama de industrias y contextos. Su enfoque en la colaboración, la adaptabilidad y la entrega continua de valor lo convierte en una herramienta poderosa para enfrentar los desafíos del entorno empresarial moderno. A medida que las organizaciones continúan enfrentando un mundo cada vez más dinámico y complejo, Agile ofrece un marco para no solo sobrevivir, sino prosperar en medio del cambio.

Llamado a la Acción

La implementación de Agile es un viaje continuo de aprendizaje y mejora. Te animo a que lleves los principios y prácticas de Agile a tu organización, experimentes con ellos y los adaptes a tus necesidades específicas. La transformación hacia Agile requiere compromiso, paciencia y perseverancia, pero los beneficios son inmensos.

Agradecimientos y Créditos

Quiero agradecer a todas las personas y organizaciones que han contribuido al desarrollo de este libro, desde los líderes y pioneros de Agile que sentaron las bases de esta metodología hasta los colegas y equipos que han compartido sus experiencias y conocimientos.

Invitación a Conectar

Me encantaría escuchar tus experiencias y reflexiones sobre Agile. Si tienes preguntas, comentarios o simplemente deseas compartir tu viaje hacia la agilidad, no dudes en conectarte conmigo a través de las redes sociales o por correo electrónico.

Referencias
- "Agile Project Management: Creating Innovative Products" by Jim Highsmith.
- "Scrum: The Art of Doing Twice the Work in Half the Time" by Jeff Sutherland.
- "Scaling Agile: A Lean JumpStart" by Alex Yakyma.
- "The Agile Coach's Handbook" by Lyssa Adkins.
- "Leading Change" by John Kotter.
- Artículos y estudios de Harvard Business Review, McKinsey & Company, MIT Sloan Management Review, TechCrunch, Gartner, Deloitte, y PwC.

Índice
- Introducción
- Capítulo 1: Qué es el modelo de gestión organizacional Agile
- Capítulo 2: Origen y evolución de la metodología Agile
- Capítulo 3: Filosofía de Agile
- Capítulo 4: Cómo aplicar Agile en el entorno empresarial
- Capítulo 5: Claves del éxito para la implementación de Agile

- Capítulo 6: Principales diferencias entre Agile y otros métodos de gestión
- Capítulo 7: Decálogo de la metodología Agile
- Capítulo 8: Herramientas más utilizadas en Agile
- Capítulo 9: Ventajas y beneficios de Agile
- Capítulo 10: Impacto de Agile en la organización empresarial
- Capítulo 11: Requisitos básicos para implementar Agile
- Capítulo 12: Principales bloqueos mentales dentro de una organización
- Conclusión
- Referencias
- Índice

www.ingramcontent.com/pod-product-compliance
Lightning Source LLC
Chambersburg PA
CBHW030507220526
45464CB00006B/2688